Stefan Broniowski · Wunde Punkte

Stefan
Broniowski

WUNDE

PUNKTE

Gedichte

Bibliografische Information der Deutschen Natio-
nalbibliothek: Die Deutsche Nationalbibliothek ver-
zeichnet diese Publikation in der Deutschen Natio-
nalbibliografie; detaillierte bibliografische Daten
sind im Internet über dnb.dnb.de abrufbar.

Herstellung und Verlag: BoD – Books on Demand,
Norderstedt

ISBN: 9-783756-295821

Für Richard

VORSATZ

Das Schweigen brechen
und mit allen teilen.

AUGENBLICKE I

EN PASSANT

Du Arme und Beine,
ich bleibe und weine
dir nach. Dir nach,
denke ich, so schwer
kann's doch nicht sein zu zwein.
Ich denke und bleibe
allein.

ANSPRUCH

Wie eine Haut.
Atmen. Schwitzen.
Und dich fest umschließen.
Wie eine Haut.

FORDERUNG

Bring deine Schönheit in meine Gewalt
und liefere mir vollkommen aus deinen Leib,
dass mein Gedicht dich hart hernimmt
und dich einschließen kann Wort für Wort.

WIRKUNG

Dein Anblick saugt mein Auge leer,
mein Herz reißt auf, mein Hirn steht still
und meine Hand bleibt stumm.

VORSCHLAG

Wie eine Hand,
weich, warm und fest.
Mich dir geben
wie eine Hand.

SEIN

Sein sein.
Nicht mein sein.
Ihm gehören.
Nicht mehr mir gehören.
Mich ihm geben.
Ihm gehören.
Sein sein.

Du nämlich, Herzchen,
bist gar nicht so wichtig,
wie ich dich nehme
oder du dich. Nur weil du
so schöne Augen hast,
die du mir nicht machst,
schau ich dich an. Siehe,
das war's schon. Weitergehn,
hier gibt's nichts zu sehn.

FÜR F. S.

Als du gegangen warst,
biss ich von dem Käsebrötchen ab,
das du nicht aufgegessen hattest.
Schöne Erinnerung.

AUFFORDERUNG ZUM TANZ

Der du nicht weißt, wer du bist,
der du nicht willst, was du kannst,
der du nicht siehst, was du ahnst,
mach dir was draus!

ODER SO

Dass du mich nie, obwohl ja doch,
und vielleicht auch, fast immer schon,
und umso mehr, doch freilich auch,
selbst jetzt nicht mehr, und vielleicht nie.

AUF DER ROLLTREPPE

Im Vorübergleiten hat meine Hand
ganz kurz deine Hand berührt.
Nie wieder, das begreife ich jetzt,
wird das noch einmal geschehen.

SYNAESTHESTICUM

Meine tastenden Augen schmecken
den Wohllaut eurer duftenden Leiber
bis zum Erbrechen.

SICHTWEISE

Die Lichtwucht deiner Schönheit, junger Mann,
treibt mir die Wahrheit in die Augen.

Ambivalenz

Stürzt in den Zwiespalt
meiner Seele und zerschellst
auf meines Herzens Grund.

Ozeanisches

Das Universum der Schwänze
dringt tief in mich ein.
Ich überschreite die Grenze
und bleibe allein.

EIN GEBET

Unsere täglichen Wundmale
gib uns heute und lass nicht zu,
dass sie weniger schmerzen,
wie auch wir brennen für dich. Amen.

SELBSTANALYSE

Mann irrt sich vielleicht,
man nimmt ungenau wahr,
man bringt Hoffnungen mit.
An Ideales hat man nie geglaubt.
Kurzum, man liebt.

Altes Lied

Mich nicht von außen sehn.
Mich nicht von innen sehn.
Mich überhaupt nicht sehn.
Das wäre schön.

Runde Sache

Zum Glück
fehlt mir,
was ich brauche
zum Glück.

SEUFZER

Ach, wär ich Kunst.
Ach, schliefe ich und träumte
meinen blauen Traum.

Ach, wär ich Kunst.

WIEN

Manchmal schau ich nach oben,
ob dort nicht vielleicht doch noch
D'Annunzio wiederkehrt.

VENEDIG

Dass ich dich lieben darf, ist reine Gnade.
Du bist so schön. Mehr hab ich nicht zu sagen.
Wenn du nicht wärst, wohin sollte ich flüchten,
mit meiner Sehnsucht, meine Träumen.
Wenn du nicht wärst, wie könnte es mich geben?

VERLEGENHEIT

Ich muss sie verlegt haben,
meine Dornenkrone,
auch den Lorbeerkranz
finde ich nicht. Wie soll ich
so bloß unter die Leute?

MARKUSPLATZ

Zwischen den Tauben hindurch,
hilflosen Blickes, unsichren Schrittes,
quer über den Platz, auf Mauern zu.

NACHREDE

Hinter meinem Rücken
verweigere ich die Auskunft,
wachsen Disteln und Klatsch-
mohn, verreckt mit mein Herz.

SORGE

Wie den inmitten des Lärms
trotzdem Klänge erfinden,
die zu bestehen vermöchten
in der Gestalten Gedächtnis
gegen den Ansturm der Rohheit?

AUFBAULIED

Baut ihr nur auf. Ich werde abseits stehn
und euren Bau in steile Höhn
ragen (und einst auch sehr tief stürzen) sehn.

AUSSICHT

Kein Land in Sicht, nirgends
werde ich unterkommen.
Im schwankenden Krähennest,
im umzingelten Fuchsbau
bette ich mein Haupt zur Nacht.
Kein Land ist mein Land. Dort
werde ich unterkommen.

GEFÄHRLICHE HOFFNUNG

Auf längst verlorenem Posten
bewache ich den Untergang
von allem, was kostbar ist,
in der gefährlichen Hoffnung,
letztlich die Vorhut zu sein
anderen, besseren Anfangs.

ZUWENDUNGEN

PÖTTSCHINGER ELEGIE (FÜR M. K.)

Graue Wolkenmassen rasten
lautlos zum Horizont.
Lautlos auch kamen aus dem Schilf
zwei Schwäne geschwommen,
glitten bis zur Mitte des Sees,
dort dann trennten sie sich.
Plötzlich rief einer den andern
mit ungeheurer Kraft
und Traurigkeit. Ich saß am See
und las. Du kamst vorbei.
Ein paar Schritte von mir entfernt
standst du auf dem Bootssteg
eine Zeitlang da, sagtest nichts,
sahst mich dann lächelnd an
und gingst wieder. Ich blieb allein
am See zurück und sah
den Wolken und den Schwänen nach.

FÜR M. K.

Warst ein schwarzer Schwan
in meinem Herzen. Warst.

AN L. W.

Sprach der Flötist nicht von mir?
Sagte er nichts, was dich kränkte,
was dich herzlich bedauern ließ,
mich vergessen zu haben?

IN MEMORIAM M. W. (I)

Erst warst du ein seltsamer Vogel,
dann wurde die Seltsamkeit größer
als der Vogel und fraß ihn auf.

IN MEMORIAM M. W. (II)

Bist du das
am Ende? Bin
ich es, der bleibt?

Dein Tod trennt uns.

Tritt ins Licht,
werde Schatten,
was immer.

In memoriam M. W. (III)

Er hatte sich dünne gemacht,
und war doch zu schwer gewesen,
war gefallen und aufgeprallt
und war endlich angekommen.
Er war gewesen und fertig.

Für S. T. (1)

Missratne Geräte verwesen dein Dasein?
Kehr dich, Besorgende, ab von der Kränkung
und wende bewirkend dich zu dem Gelingen
sorglosen Wirkens, sonst ruht dir die Arbeit.
Befiehl dich dem Fehl oder nicht: Nur gelassen
fügst du ins Nötige dich und dein Werk.

FÜR S. T. (2)

nimm dir die Schwere
aus kalten Lüften heraus
trägt dich der Steinbock

FÜR TH. F. (1)

Kehr um. Dein ganzes Leben nimm
beherzt in deine Hände. Wende
mit aller Kraft dich ab vom Bisher
und zu dem Jetzt. Denn ab sofort
muss alles anders werden. So nur
wird das, was war und schlecht war,
am Ende und für immer gut.

Endlich krank. Das ist die Lösung.
Nicht des Problems, aber dafür,
Probleme lösen zu sollen.
Es ist, wie es ist. Krank ist krank.
Von jetzt an tragen die Dinge
unwidersprechliche Namen.
Nichts, was ich je getan habe,
und nichts, was ich je tun werde,
beeinträchtigt meinen Befund.
Meine Krankheit bin ich nicht selbst,
sie ist etwas, das alle Welt
anerkennen muss. Ich lehne
es ab, mich zu rechtfertigen.
Es ist, wie es ist, Tatsachen
sind Tatsachen. Niemand hat Schuld.
Ich habe zu tun. Mein Leiden
ersetzt mir mein Leben. Es stimmt,
ich bin arm dran. Aber ich will
gar nicht bemitleidet werden,
ich will bloß anerkannt werden
als Fall. Denn es ist, wie es ist:
Ich bin krank. Das ist die Lösung.

FÜR TH. F. (3)

Ein bisschen jämmerlich zu sein,
ist ganz normal, und ganz normal
will schließlich jeder sein. Man kennt
die Wirkung längst, es ist ja schlicht
das Leben, das man führt. Jetzt braucht
man eine Ursache dazu.

FÜR TH. F. (4)

Behandelt mich doch bitte nicht so,
als ob ich keine Behandlung bräuchte,
sondern ein Leben. Was soll denn das,
ich will doch bloß wissen, was ich habe,
nicht, was ich will. Ich will nämlich nichts
als in Ruhe gelassen zu werden.
Ihr habt von mir nichts zu erwarten
als das, was ich brauche. Ich erwarte
eine anständige Behandlung.
Das sollte genügen. Mehr will ich nicht.

FROMMER WUNSCH (1)

In deinem Licht,
o Herr, verglühn,
mehr will ich nicht.

FROMMER WUNSCH (2)

In deinen Abgrund stürzen
und ewig fallen. Und zerschellen
auf deinen harten Grund.

FROMMER WUNSCH (3)

In deiner Wüste ohne Ende irren
und ganz elendiglich zu Grunde gehn.
Das wär so schön.

FROMMER WUNSCH (4)

Lösch du mich aus.
Ich will nur der sein,
der dich will, sonst nichts.
Lösch du mich aus.

FROMMER WUNSCH (6)

Lass du mich zu.
Ich will nur der sein,
der dich will, mehr nicht.
Lass du mich zu.

LUKASPASSION

AUF EINEN MAGNOLIENBAUM

Da du mir deiner Blüten Schönheit schenkst,
bevor der Blätter junges Grün mich kränkt
bist du mir lieb. (Ach, wär
wie du doch er.)

KURZER TANGO

Meiner Liebe Leichnam liegt in mir
und stellt sich quer.
Ach, rüttel mich und schüttel mich
und wirf die Antwort hinter mich.
Nicht mit dir und nicht ohne dich —
wie widerlich!

Du bist nichts Besonderes, nur
zufällig der Mann, den ich liebe.
Mir wärst du ja herzlich egal, bloß:
Mein Schwanz sagt mir, dass er dich braucht.
Mein Herz sagt mir, dass es zerreißt,
wenn mein Auge dich schaut, wenn mein Mund
dich berührt, wenn usf. Ist ja wurscht.
Mein Schwanz spricht nicht mit mir über dich.
Aber ich red ihm gut zu. Mein Herz
schlägt weiter. Ich sehe dich kaum
noch. Noch bin ich nicht am Ende.
Ich rede und rede.
Mein Mund ist ganz trocken vom Schreiben.
Ich rede dir zu und sage kein Wort.

THEORIE

Schön oder so ähnlich
erscheint mir dein Anblick.
Nicht nur ein Gleichnis:
Die Wahrheit selbst als dein Leib.

BITTE

Lieb lieber, Liebster, mich,
sonst kann ich nicht atmen,
sonst muss ich um Atem ringen mit dir.

WUNSCH

Ich möchte unvollkommen zu dir kommen,
damit du mich in deinen Armen formst.

LOGOS

Sprich zu mir. Höre nicht auf,
mir deine Stimme zu schenken.
Wende den Klang und die Wörter
mir zu und brich niemals ab.

GRÜNPHASE

Lauf los, junger Freund,
ich bin hinter dir her,
rette dich auf die andere Seite.

NÄMLICH

Kein Wort durfte sein,
wo deine Rose mir war.

DREI KLEINE WÖRTER

Man sollte sie, sagtest du einmal,
niemals sagen oder so oft,
dass sie dann nichts mehr bedeuten.
Zu mir hast du sie einmal gesagt.

NEIN

Kein Gedanke an dich
war verschwendet. Jeder
kehrte zu mir zurück.

WELT, FREMD

Nur ich in deiner,
nicht du in meiner.
Weil doch nur eine
galt, nämlich deine.

KÖNIGSKINDER

Es waren zwei …
sie konnten nicht …
viel zu tief …

Hörst du?
Sie spielen unser Lied.

LIEBEN

Dass ich es muss,
was geht's dich an?
Dass du's nicht kannst,
zerstört mir die Welt.

BRUCH

Du brachst mir ab,
und scharfe Kanten
schnitten mir ins Herz.

UNERLÖST

Ich bin nicht der Schmerzensmann.
Ich nehme nichts auf mich.
Niemand hat Schuld.

ORTSKUNDE

Kein Meer mehr. Zwischen uns
nur trockenes Land. Nur
eine wüste Sehnsucht.

LIEBESGESCHICHTE

Du mich nicht.
Ich dich schon.
(Sogar sehr.)
Das war's dann.

PATHOS

Mir blieb nur
der Verlust.
Der aber
für immer.

WAS BLEIBT

Nichts als das Licht leerer Tage,
nichts als die Leidenschaft bleibt,
dich zu erinnern, sonst nichts.

ZUKUNFT

Denn diese Wunde
ist ein Leben breit.
Da passt noch viel hinein,
das erst noch kommt.

Du warst es nicht und wärst es nie geworden.
Ich hatte nur gehofft, dass du es wärst.
Du konntest es nicht sein, ich aber sehnte
so sehr nach dem mich, der es endlich wäre,
dass ich für den dich hielt, der du nicht warst
und niemals werden wolltest. Du warst nur du.
Ich aber wollte einen anderen,
den nämlich, den ich hätte lieben dürfen.
Der warst du nicht. Und bist es nicht geworden.

Allerletztes Gedicht

Ich liebe dich und
werde dich immer lieben.
Ist das nicht schrecklich?

VON UNTERWEGS

Due Tè Darjeeling nel Caffè Tommaseo

Keine Zeit bringt wieder
verronnene Räume
verschwimmender Wörter.
Keine Rede von gestern

und kein heutiger Anspruch.
Du sitzt da, als gäbe es dich,
wartest, trinkst Tee und
wirst schon wissen, warum.

Molo Audace

Der Blick geht, du weißt es,
auswärts, ins Offene.
Dass das Meer sich dir zeigt,
wusstest du schon, Fremder,
im Voraus. Zu schauen
bleibt dir die ferne, so
maßlose Wirklichkeit.

SAN GIUSTO

Verschroben verdunkelt
sich Schönes, Heiliges
in verlorener Zeit.
Zeugnisse, abgelegt,
wartend, teilen mit dir
ihr standhaftes Schweigen.
Du schaust zu und vergisst
nie, dass du gleich gehn wirst.

MOLO AUDACE (II)

Das Meer ist aus Wasser.
Und mitten hinein ragt
die Mole, ein Stück Land
aus Menschenhand. Leute
flanieren, picknicken,
schauen ins Offene.
Dazu ist das Meer gut.

Vorm Caffè degli Specchi

Sitzen und schauen,
denken und schreiben.
Gut ist es, hier zu sein.
Jeder Tee schmeckt besser
mit Blick auf die Piazza.
Jetzt könnte das Leben
langsam beginnen.
Aufstehn und zahlen.

Molo Audace (III) oder
La verità è sempre semplice

Das Meer ist blau.
Wenn der Himmel es will
und das Licht und
all das andere stimmt.
Das weiß ich genau.

IM ZUG NACH ROM

Die Schläfrigkeit der Menschen
morgens im Liegewagen
dämpft meine Stimmung.
Ich bin hellwach, ich weiß,
wohin die Reise geht:
Draußen, vorm Fenster,
das ist schon das Glück.

AD TIBERIM (I)

Auch andere spucken
in den Fluss, der mir lieb ist.
Er wird es verwinden.

AD TIBERIM (II)

Zeitlos schwindet Geschichte,
schneller und schneller, der Strom
bezeugt nichts als sein Schwinden.

AD TIBERIM (III)

Nichts davon war schon da,
bevor es jetzt, vor meinen Augen,
geschieht und vergeht. Ich stehe da,
schaue und lasse es zu.

AD TIBERIM (IV)

Noch die kleinste Einzelheit
ließe sich beschreiben
von einem andern. Oder
erfinden von mir.

AD TIBERIM (V)

Pegelstand, Böschung
und die Farbe des Wassers.
Was bleibt, ist treulos.
An den Ruinen hängt
meine Erinnerung nicht.

AD TIBERIM (VI)

Heimwärts, nach Arkadien,
wankt das Bewusstsein. Ich
bliebe lieber hier,
wo alles verschwindet.

AD TIBERIM (VII)

Andere Rassen, braunere,
begreifen das Ewige
als ihre Heimat. Statt
abzureisen, wohnen sie
vor aller Augen. Denkt sich so
der Gewöhnliche seinen Traum?
Meine Stadt ist anders.

AD TIBERIM (VIII)

Unsere Stadt war immer schon
verschieden von unserer Stadt.
Immer schon erzählten die Späteren
das Frühere um. Immer schon gingen
wir dabei den Dingen verloren.

AD TIBERIM (IX)

Hier nun, nur hier,
endlich zu Hause,
unter den vielen
auch einer, glücklich
mit dem Gewesenen,
für gewöhnlich
höflich zum Heute.
Endlich angekommen,
hier, heute, für immer.

AHOJ (1)

Auf dem Grunde des Häusermeers
wandert der Fremdling,
verirrt sich im Gewimmel der Gässchen,
um immer wieder zu finden,
wohin er will oder soll.

Ich lasse mich treiben.
Nachmittags Schwimmschule.
Und nach dem Besucherstrom
um sechs im Kaffeehaus.

Es liegen noch Juden
begraben. Im Park
spielen die Dohlen.
Dann kommt schon der Tag.

AHOJ (2)

Unter allem Pflaster ist Strand, überall
queren Wassermänner die Straßen, lächelnd,
die Seelen in Töpfchen. Großmütterchen Prag,
erzähle wieder die alten Geschichten
von Mord und Totschlag,
                    Aufstand und Unterdrückung
und vom Schweigen der Knechte. Erzähle mir
von Kaffehäusern, Friedhöfen und Exil.
Deine Geschichten sind meine Geschichten,
und zu deinen Geschichten, du Uralte,
Tränenreiche, gehöre letztlich auch ich.

BERUHIGUNG IN FLORENZ

Der Arno ist auch nur ein Fluss
und fließt auch nur ins Meer.
Mehr ist da nicht
zu befürchten oder zu hoffen.

VENEDIG (2)

Andere, andere, andere
laufen herum und zertrampeln
lachend und kreischend und glotzend
mir meine Stadt, meinen Traum, der doch
ihnen nicht gilt, die doch ihnen
alles verbirgt, was sie mir
zuflüstert, heimlich, von haltloser
Schönheit, von wehrlosem Abschied,
ewig ins Blaue gesagt.

UMSTELLUNG

Wie anders als zu Hause
das Licht auf Venedig fällt.
Venedig als zu Hause.
Wie anders. Das Licht fällt.

C'ERA UNA VOLTA IN VENEZIA

Das kleine, himmelblaue Nilpferd
aus Muranoglas, dort im Schaufenster,
wird mir in Erinnerung bleiben.
Unsterblich macht es mein Gedicht.

AUGENBLICKE II

Spätherbst

Nie ist ein Baum so schön,
als wenn er, ohne Laub,
vom Regen dunkelbraun,
vor grauem Himmel steht.

Vorm Fenster

Draußen im Garten erfrieren die Rosen.
Ihre späten Blüten hält zu frühe Kälte
tödlich umfangen. Ein grausames Gleichnis.
Siehst es. Fröstelst. Ziehst den Vorhang zu.

HERBSTTAG

Am Wegesrand friert
in heller Mittagssonne
das faulende Obst.

LEGENDE

Hinterm Rauhreif vielleicht
sei eine andere Welt
uns verstellt. Verbote
verzaubern die Welt.

WINTERNACHT

Es schneit mich heimwärts.
In dunkle Flocken
löst die Nacht mich auf.
Jetzt ist gut ruhen,
selig, nachts im Nichts.

LEKTION

Die wirklichen Spuren
wirklicher Vögel im Schnee
wirken, als wären sie
nur ein Zitat. Doch von wem?

WINTERIDYLL

Der Himmel ist schneeweiß
und jegliche Landschaft
ist vom Nebel verschluckt.
Gelb leuchten die letzten
vertrockneten Äpfel
an dem ganz mit Raureif
überzogenen Baum.

WINTERMORGEN

In dem kahlen Baum
vor meinem Fenster
schlafen noch die Krähen.
Anscheinend liegt heute
nichts Dringendes an.

SCHNEETAG

Unterm Schnee ist die Welt
so schön verborgen.
Alles ist weiß, aber
jede Schneeflocke ist anders.
Alle tanzen.

Dann zertrampeln die Leute,
überfahren das Schöne.
Grau und braun verleugnet
der Schneematsch den Schnee.
(Keiner tanzt.)

Ästhetische Erfahrung

Die Sonne scheint und es schneit.
Flocke um Flocke fällt
auf den steinernen Boden,
glänzt für einen Augenblick auf,
bis sie schmilzt und erlischt:
Ein vergängliches Schauspiel
unvergänglicher Schönheit.

Ein anderer Wintermorgen

Vom Feld vor meinem Fenster her
höre ich das laute Krächzen
einer einzelne Krähe.
Es ist Sonntag. Wie es scheint,
ist heute sie dran mit Predigen.

FRÜHLINGSGEFÜHL

Ich setze meine Seele aus
zwischen den Primeln.
Wie niedlich.

FRÜHLINGSLIED

Heiter soll mein Herz verbluten,
denn der Frühling, der ist schön.
Ach, du wirst mich nimmer lieben
und ich darf zugrunde gehn.

Das Meer ist der Tod.
Und an den vollen Stränden
liegen die Leichen.

Für M. N.

Unzugewendet
dein Leib, sommerfarbenes
Alabasterfleisch.

PHOEBUS

Ein griechischer Traum:
Hyazinthen ficken
mich in den Sonnenarsch.

NOSTALGHIA

Wo noch Zypressen stehn
und bröckelnde Mauern
an einsamen Wegen
den Abend erwarten.

GELEISE

Wie eine irreguläre Möwe
flattert ein Fetzen Papier
über die Schienenstränge hinweg.

UNENTWEGT

Im Weltwald verloren,
unentwegt irrend,
strauchelnd über jede Wurzel
und zerrissen von allem Gestrüpp.

RAUMFORDERUNG

Ob zwischen all dem Geschwätz
und unter all dem Gelärme
überhaupt irgendwo jemals
stattfinden kann mein Gedicht?

REISENOTIZ

Nur zu Gast gewesen.
Nicht allzu lange geblieben.
Manche Erinnerung mitgenommen,
eigene und fremde, echte und falsche.
Danach nirgendwohin zurückgekehrt,
vielmehr Fremder geblieben im Fremden.

AUSBLICK

Die Welt ist ein Hinterhalt.
Aber ich lasse mich nicht
in eine Falle locken. Ich
warne sogar noch die andern.